自分を好きになりたい。
自己肯定感を上げるためにやってみたこと

わたなべぽん

幻冬舎文庫

自己肯定感を上げるために
やってみたこと

自分を好きになりたい。

わたなべぽん

プロローグ　スマホを心の盾にして

どどど
どうしよ
ドキ ドキ
ここで急に
ひき返したら
変だし…
あと ほんの 数歩
こんなとき
ついやってしまう
のが…
サッ
ばっ!
〝スマホに気を
取られ周囲を
見てない人〟を
装い
気付かない
フリをすること
すみません
すすすす
私はスマホに
夢中でーす
ごめんなさーいっ
ドキ ドキ ドキ
一瞬ホッと
するものの…
ホッ
なんだかとても
自分が情けなく
なってしまうのです
たった一言の
あいさつを
怖がって
何をコソコソ
してるんだ
私は…

するとどんどん気分は急降下
うっ
DENTAL
こんにちは今帰り？
ええ
スーパーHEYYOU
こんにちは～
世間の人々はみんな なんてほがらかなんだ
私にゃムリだ…
そういえば高校に入学した頃も
何度か話したけど友達かかからない人
なんか冷たーい
ってことがあったっけ
つい嫌な過去を思い出したりして
なんか私って今も昔もしょっちゅうビクビクオドオドしてる
ホントダメ人間
私のバカ
ハァ
落ち込んでしまうのでした
は～こんなときはサッと買い物して早く帰ろ
そして毛布にくるまるんだ…
2,340円になりまーす
○×ハイツ
あら
ばったり
!!
さっきの奥さま

今お帰りですか～
朝晩が冷えるようになってきましたね～
あっ
ハイッ
えっと いいい今帰りで
あっでも買い物だけなんで
何言ってんだろ
あっ じじゃあ！
ピーーン
ガガーーッ
予期せぬ会話が苦手で詰まってしまう
ギャ～ッ
絶っっっ対変な人だと思われた～
ガシ
ガシ
なんで私っていつもこうなんだ～っ
んも～～っ
だから私は私が大嫌いなんだよ～っ!!
キライ キライ 大キライ
いつの頃からか私はどうしても自分が好きになれないことに気がついていました
プルプル
さてこんな私はどうすれば
なんて生きづらい世の中なんだ
こうなるとなかなか浮上できない
ちょこっとでも自分を好きになり人生を楽しいと思えるようになるのでしょうか
つづく

はじめに

私は子供の頃から
自分が好きになれなくて
落ち込むことが
よくありました

楽しいこと嬉しいことが
あってもすぐまた
"どうせ私なんて"と
悲しくなってしまい

私がダメな人だから
仕方がないと
思っていました

そんな私がずっと
心に秘めていたのが

いつか自分を
好きになりたい

という思いでした

少し重たい内容のお話も
ありますので読み進めるのが
つらくなったら一度本を閉じて
休みながら読んでくださいね

ゆっくりお茶でも飲んでね

わたなべぽん

もくじ

腕くたくた

ぽんぽん
ひっくひっく

［第１話］つらい記憶

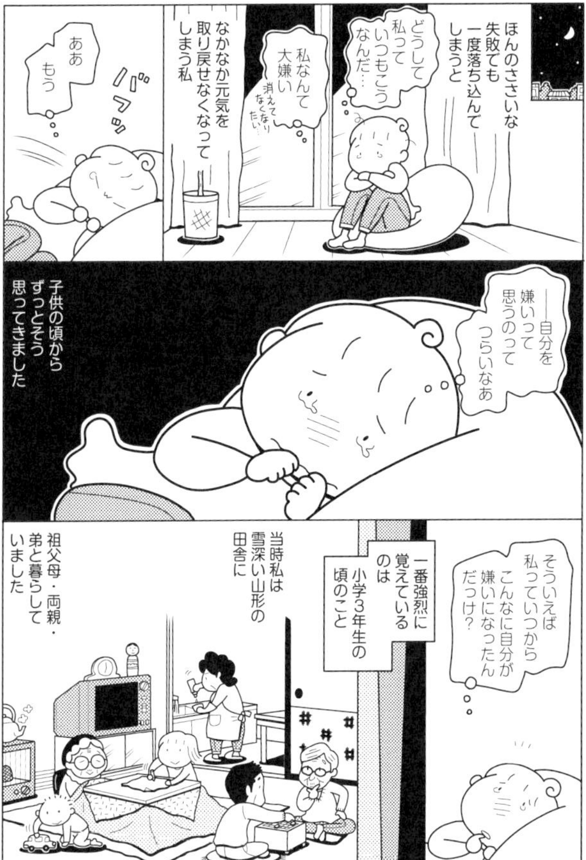
ほんのささいな
失敗でも
一度落ち込んで
しまうと
どうして
私って
いつもこう
なんだ…
なかなか元気を
取り戻せなくなって
しまう私
私なんて
大嫌い
消えて
なくなり
たい…
バフッ
ああ
もう
——自分を
嫌いって
思うのって
つらいなあ
子供の頃から
ずっとそう
思ってきました
そういえば
私っていつから
こんなに自分が
嫌いになったん
だっけ？
一番強烈に
覚えている
のは
小学3年生の
頃のこと
当時私は
雪深い山形の
田舎に
祖父母・両親・
弟と暮らして
いました

ぽんは本当に絵を描くのが好きだねえ
どれ おばあちゃんによく見せて
うん！いいよ！
父方の祖母
コラ！
今日使った弁当箱を出しなさい！
なんで毎日言われなきゃできないの!!
は はーい
母は幼い私にとって
この世で一番恐ろしい人でした
じーっ
一見人当たりが良く世話好きで
テキパキとよく働く明るい人ですが
いいのよ任せて！
山形名物芋煮
時々ご近所と衝突するほど気が強い一面がある母
ぞうきんのひとつも縫えないなんて母親失格
ヒソヒソ
嫌な感じ
ねぇ
PTAの集まり
そしてこの頃の私はとにかくおっとりしていて
忘れ物や無くし物が多い問題児
ヤバ…
そういえば昨日も学校にお弁当箱を忘れてきたんだった
今日持ってきたっけ？
ゴッ ゴッ
学校の机も私のだけぐちゃぐちゃ

えーっと
えーっと
忘れた
まさか
また忘れて
きたの!?
昨日も忘れて
あれだけ叱られたくせに!!
明日持ってく弁当箱がないじゃないの!!
毎日のように
母に叱られて
いたのでした
ごめんなさい…
そして母が
一度怒りはじめると…
お前は
何をするにも
だらしないから
忘れ物や
無くし物を
するんだ!
バチン
みかん
1～2時間は
説教とお仕置きが
続きます
こうなるともう
家族の誰も母を
止められなくなり
ね ねえ
もうその辺で
いいんじゃないの?
うるさい!
親子のことに
口出しして
くるな!!
祖父と父は知らんぷり
竹のものさし
気がおさまるまで
待つしかありません
でした
でもこの日は
特に虫の居所が
悪かったようで
突然私を
無理矢理
裸にすると…
?
?
?

ポイッ
!!
その夜外は雪がつもり吹雪で…
っ冷たっ…
ブルッ
お前なんか産むんじゃなかった
いらないからどっか行け
ガーン
このとき
なんで私っていつもお母さんを怒らせることばかりしちゃうんだろう
ガチガチ
こんなダメな自分なんて大嫌いだ
はっきりそう自覚したのでした
この後しばらくしたらおばあちゃんが助けに来てくれた
こんなことのくりかえしで私の心のどこかに
私ダメな人
自分大嫌い
という考えがこびりつき

大人になった今でも拭い去れずにいるのでした
そういえばあの頃やたら絵を描いたりマンガに没頭していたのは
ひまさえあれば絵を描いていた
授業中も描いてた
近所のいとこが半年に一度まとめて持ってくる週刊少年マンガ雑誌
アラレちゃんと鬼太郎が大好き
私の唯一の現実逃避だったからなのかも
それにしても…
よく考えたら子供の頃からあんなにダメダメ言われてたら
そりゃ誰だって自分を嫌いになっちゃうよなぁ
ホントにダメな子供だったけど
あの叱り方はないわ…
と、今では思える
ん？
――ってことは
たとえダメな子供だったとしても
せめて愛情をかけて育てられていたなら
今頃少しは自分のことを好きになれて
それなりにちゃんとした大人になっていたかもしれない
じわ～
ズビ――ッ
私はこのとき
もう一生
この〝自分が嫌い〟と思う苦しみが
続くものだとばかり思っていたのでした
くそ～
母親のせいだっ
一生が台無しだっ
じたじた
じたじた

実は…
自分が嫌いなんです
あるある
服装が極端
全身ガッチリコーディネート
or
全然気にしない
ヨレヨレトレーナー
店員さんが忙しそうだと声をかけづらく
ついオーダーをガマンしてしまう
えあの
バタバタ
まいっか
美容院にタレントの切り抜きを持っていけない
中村アニちゃん
ステキー
さも今決めましたって感じでその場のヘアカタログで決める
じゃあこんな感じで～
無難なロングヘアに
だけどしばらくすると
イライラ
こんなにガマンしてるのに
ムカムカ
逆ギレみたいな怒り方をしてしまう
派手で楽しそうにしている人が
ふーん
うらやましい反面
ちょっとバカにしている
ふっ
わりとブランド品や有名なものが好きだったりする
わかりやすいブランドや
有名な工芸品
一部で人気のお高め日用品
好きな俳優がいても
カッコいい！顔が好き!!
キャー
キャー
と素直に言えずつい
演技が思ったよりも上手でさ出てるドラマも脚本が良くて～
言いわけしてしまう

［第2話］今からでも、変われる?

自分に自信がないからか
まぁどーせ 私なんて誘われるわけないか
なんて思ってしまったり
実は偶然町でバッタリ会いついでに一緒に行っただけ
お会計
えーっと 3人で割ったら 3563円か〜
あっいいよいいよ ふたりは3500円で さっきおみやげもらったし
えっ
でも…
なんか悪いなぁ
いいからいいから
ほらっ 細かいのってめんどくさいし ねっ
じゃお言葉に甘えて
小銭なかったから助かる! ありがと〜
ぽんちゃんって優しいよねぇ
ねー
やたらと周囲に気をつかい 過剰に親切にしたり 損をひきうけたりしてしまいます
えーっ そう? あははは
優しいっていうか嫌われたくないだけなんだけど…
こんな私ですが
じゃーねー
バイバーイ
はぁ またやってしまった
ひとり反省会中

今まで何回も自分を変える努力をしてきました
一応ね
少しでも自分が好きになれるよう欠点をなくす努力もしたし
うひゃひゃ
バシバシ
ムダに陽気な人になろうと思った
いっぱいダイエットした
汚部屋も片付けた
ゴミ
ゴミ
思い切ってキャラを変えれば生きやすくなるかも？と思ったこともあった
なりたい自分になれたときには嬉しくて
私だってやればできるじゃないか！
これならもう他人に笑われない！
これからは自由に生きられるかも
あははは
悩んでても仕方ないし〜
このまま自分を好きになれると思ってた
でもしばらくしてその環境に慣れてくると
変われたときの喜びがうすれてきて
ぼー…
部屋が片付いていて太っていないのが当たり前になってしまった
ある日ささいなことですぐ元の自分に戻ってしまう
ぽんちゃんて案外ズボラだよね
ギクッ
やっぱり私ってダメなんだなぁ
もちろんやってみたことは無駄じゃなかったけど
結局私は自分が嫌いなまま…

やっぱり子供の頃にあんな風に育てられて
こんな大人になっちゃったんだから
お前なんて産むんじゃなかった！
バチン
人間ちょっとやそっとじゃ変われないんだなぁ
三つ子の魂百までとかいうし……
ただいま〜
おかえり楽しかった？
あうん！楽しかった
えへへっ
何観てるの？
これ？この前録画してたドキュメンタリーなんだけどね
この80歳のおばあちゃん最近自力で勉強して高校受験したんだって！
今高校生なんだよ
え————っスゴい!!
80歳の高校生
あの時代は戦争で大変だったし
家族みんな食べていくのに必死だったから
進学したくても親に言い出せなかったの
——でも

今なら時間も
あるしお金も
自分でどうにか
できるから
元気な内に
チャレンジして
みようと思った
のよ
高1
子供の頃
やりたかった
のに親に言い
出せなかった
こと…かぁ
私だったら
何だろう
いつも母が
買ってくる
服は赤や
ピンクだっ
たけど
本当は青や
緑の服が
欲しかったな
親せき
からの
おさがりも
多かった
ノートや
えんぴつも
自分で選び
たかったし
実はピアノや
歌を習って
みたかった
——っていうか
そもそも
私のこと
ぶたないで
欲しかった
するとそのとき
心が痛むような
感じとともに
ズキッ
私の中から
〝子供の頃の私〟が
飛び出してきた
ような感じが
しました
えぇっ!?
にゅ〜

もっと優しくして欲しかった
ちょこん
ごはんのときはもっと楽しく食べたかった
私の得意なことももっと見てて欲しかった
友達のこと学校のことももっと聞いて欲しかった
他の子みたいに私もちゃんと愛して欲しかった!!
ちゃんと育てて欲しかった!!
〝子供の頃の私〟はあの頃欲していたことを今も求め続けていて
ズビーッ
そしていつも心のどこかで感じている
自信がない
私は人としてどこか欠けている
私が人に好かれるはずがない
うじ
うじうじ
よくある風景
こんな気持ちも
だってちゃんと育ててもらってないからだもん だから私はダメなんだもん
実は彼女の言葉だったのだと気がつきました
だから私は私が嫌いなんだもん

……
ギュッ
例えば子供の頃母が優しくしてくれなかった分
フン
今の私が子供の頃の私の声に耳を傾けて
当時やりたくてもやらせてもらえなかったことや
できなくて投げ出してしまったことに
はみがきがんばろう
ドリル
算数
合唱
もう一度チャレンジしてみたら
私は変わることができるのだろうか
すごいね～人間やろうと思えば年齢なんて関係ないんだね～！
おばあさんえらいなぁ
！
――そして自分を好きになれるんだろうか
こうして私は〝子供の頃の私〟と向き合うことに決めたのでした
そうだねきっと
うん

実は…
自分が嫌いなんです
あるある
本気を出せなかったりすぐあきらめたり
本気を出して失敗するのが怖いのかも
どーせダメだし
資格
食べ方に問題がある
食べ過ぎ
食べなさ過ぎ
飲み過ぎ
食べることにお金かけ過ぎ
ゲソー
ほどよくってのは難しいもんだよね
一瞬自分のことを笑われているのか不安になる
ビクッ
ドキドキ
あはは
気を許した友人や恋人には
自分のすべてを知ってもらいたいしすべてを話してもらいたい
私のすべてを知って許して受け入れてもらいたいのよ
そ、それはちょっと重いよ…
あっごめんがログセ
?
聞かれてないことをついペラペラ話してしまう
沈黙が怖いのとバカにされたくないのと
あのギョーザがおいしくてさー皮がモチモチしてて！
モチモチといえば子供の頃もちつき大会があってさーそれから～
ついいい人になろうとする
そしてムリが出る
いい人
束縛したいしされたい
毎日LINEして!!
LINE

実は…
自分が嫌いなんです
あるある
つい興味がない風を装ってしまう
ふ〜ん あっそう
そんなの好きなの？って言われたら恥ずかしいし
ほめられるの超苦手
そしてその言葉の裏をつい探ってしまう
あれ？ちょっとキレイになった？
いやいやいやそんなことないし
てかもしかして化粧濃かった？ごめんねっ
つまらないことでも批判したくなってしまう
この曲このCMに合わないわ〜
期待に応えなければとがんばり過ぎて疲れてしまうことがよくある
テキパキ
テキパキ
内心自分は"ツッコミ"だと思っている
しかも辛口の
人の意見にふりまわされることがよくある
うんいいね
えっと その あの
うん それもいいよね
だってお金ないし
だって時間ないし
だって知らなかったし
だって仕方ないし
いつも言いわけしている
自らすすんで損をする
一番小さいの食べる
PIZZA

〔第3話〕子供の頃、できなかったこと

そーいえば
赤いクツに
憧れてたし
金色の
腕時計が
欲しかったし
あホッピング
欲しかったなー
ガショ
ガショ
おっと
なんだか
ただの欲しい
物リストに
なってしまい
そうだ
カキ
カキ
まいっか
次は
うまくでき
なかったこと
かあ…
んーーっ
なんだか
少し書くのに
勇気が要る
なあ
えーっと
一度も自力で
逆上がりを
成功させたこと
ないし
どっちが
右なのか
左なのか
どうしても
覚えられ
なかったし
それは
今もあやしい
えっと
右？
右左がわから
なくて視力が
悪いと思われたり
こういう
お菓子を
端から
順番に
食べたり
できな
かった
チョコレート
18
＋27
くりあがる
計算が
もうダメ
順番を守る
ことや
人の話を
聞くことが
できなくて
あきっぽい
ソワソワ
そういえば
簡単な計算でも
苦手だったなあ
今も
そうだけど
すると
また
〝子供の頃の私〟が
飛び出してきて…
わっ
にゅー
もっと
あるよ！

ちゃんと宿題できたことなんてないし
歯みがきカレンダーも私だけ提出できなかった
すごく太っていたからクラスで一番走るの遅かったし
忘れ物女王だし片付けが苦手だし…
——それに親子体操ができなかった
親子体操？
しゅん…
そのとき今まで忘れていた幼い頃の記憶が一瞬にして戻ってきたのでした
はっ
そうだあれは確か小学校にあがる直前だった
入学する小学校の説明会&オリエンテーションに母娘で参加したとき
ピカピカの一年生おめでとう
ラジオ体操で体がほぐれたら次は
親子体操をやってみましょう
はーい！
じゃあまずはお父さんやお母さんと両手をつないでくださーい

ほら！早くしなさい
えっとあの…
私にとって母の手は恐れ多くて怖いもので
何してんの！どうしてできないのよ！
だって…
自分から触れることがどうしてもできませんでした
ドキドキドキ
みんなどうしてあんなに楽しそうにできるんだろう
それにもし失敗でもしたらひどく叱られそうでチャレンジできなかったのです
そのままひざに乗って〜！
キャッ
キャッ
オロオロ
んもう！グズ!!
プイッ
私達母娘だけその場に座り込み
ふと盗み見た母の横顔は
キャー
くるんっ
怒っているような悲しんでいるような
……
見たこともない表情だったことを覚えています

私がみんなと同じことができないから
ダメで変な子だから
お母さんはガッカリして
私を怒るんだと思う
小学校にあがる前から
こんな風に悩んでたんだ
そのとき私は小さな自分を他人の事のように気の毒になり
まだ小さいのにかわいそうに…
もし今の私がこの子の近所に住む大人で
この子がこんな風に悩んでいるのを知っていたなら…
あら ぽんちゃん 今帰り？
ぐすっ ぐすっ
こう声をかけてあげるのにな
そっか〜 怖かったんだねぇ
でもそんなに悩まなくていいよ〜
ポン ポン
いつかできるようになるかもしれないし
それに人と違うのは悪いことばかりじゃないんだよ

すると
ん？
子供の自分も
今の自分も
心のどこかが
少し楽になった
ような気が
しました
そうか
今 私が
この子にかけた
言葉は
じわぁ
あのとき
お母さんに
かけて欲しかった言葉
だったんだ
ポロッ
それに気が
ついたら
涙が止まらなく
なって…
ララ
私って
かわいそう
だなぁ
ってか
自分で自分を
気の毒がって
泣くなんて
バカみたい
だけど止まら
ないよっ
ポロ
ポロ
ポロ
ポロ
ひっく
ひっく
そして
ひとしきり
泣いたら
うわ～ん
ズビー

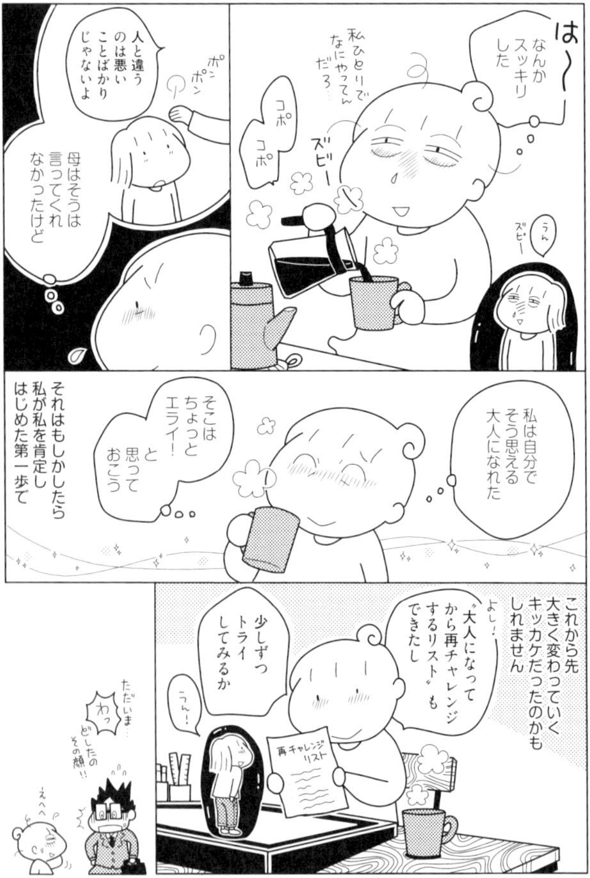
は〜
なんかスッキリした
私ひとりでなにやってんだろ…
コポコポ
ズビー
うん
ズビー
ポンポン
人と違うのは悪いことばかりじゃないよ
母はそうは言ってくれなかったけど
私は自分でそう思える大人になれた
そこはちょっとエライ!と思っておこう
それはもしかしたら私が私を肯定しはじめた第一歩で
これから先大きく変わっていくキッカケだったのかもしれません
よし!
〝大人になってから再チャレンジするリスト〟もできたし
少しずつトライしてみるか
うん!
再チャレンジリスト
ただいま…
わっ
どしたのその顔!!
えへへ

実は…
自分が嫌いなんです
あるある
つい先のばしにするクセがある
まいっか明日でいっか
ギャンブルやスマホゲームつりに過剰にハマる
このドキドキが
たまらない!!
意外と自慢話が好き
人に悩みを相談されると無性に嬉しい
実はさー困ったことがあって〜
えっ!?何、何?どしたの?
割とアドバイスしたがりな面も…
時々人間関係をすべてリセットしてしまいたくなる
これ全部消したらスッキリするかな
持ってる下着の数が少ない
ブラ2枚
パンツ3枚
お手洗いのメイク直しコーナーに並ぶのが苦手
実は完璧主義だ
九条ネギが手に入らないならこのメニューは作れない!
普通のネギ
レシピ
いっそのことダメな人と思ってもらった方が気が楽
でも本当に
ダメな奴だな〜
あはは
ガーン
と言われると寝込むほどヘコむ

［第４話］ 思い出の金の腕時計

無理を言って
母に買って
もらうことに
成功
んも〜
仕方ない
なぁ
やったー!
安い
ウキウキで
帰宅した
ものの…
しょっぱいし
体にあんまり
良くなさそう
だから
半分だけに
しておきな
さいね
コポ
コポ
コポ
と スープの素
½に湯を
なみなみと
注いだ母
!
味
薄っ!!
しゃばしゃばだし…
トロ〜リ
おいしい?
今両親が
80歳近くても
ピンピンしてる
のは母の健康
管理のお陰だと
思うんだけどね
当時は濃い
コーンスープに
恋こがれたなぁ
へ〜
元気だ
もんね〜
その後
大学生になって
ふと思い出して
買ってみたん
だけどさ
分量通りの
お湯で作った
コーンスープは
トロトロ〜で
最高にうまかったなぁ
ホゥ…
実は
きょうも
飲んでる
夫君が
しょっちゅう
コーンスープ
飲んでるのには
こういう
ワケがあった
のか…
私は何を
買おうかな
?
んーーっ
いっぱいあって
悩んじゃう〜
バタ
バタ

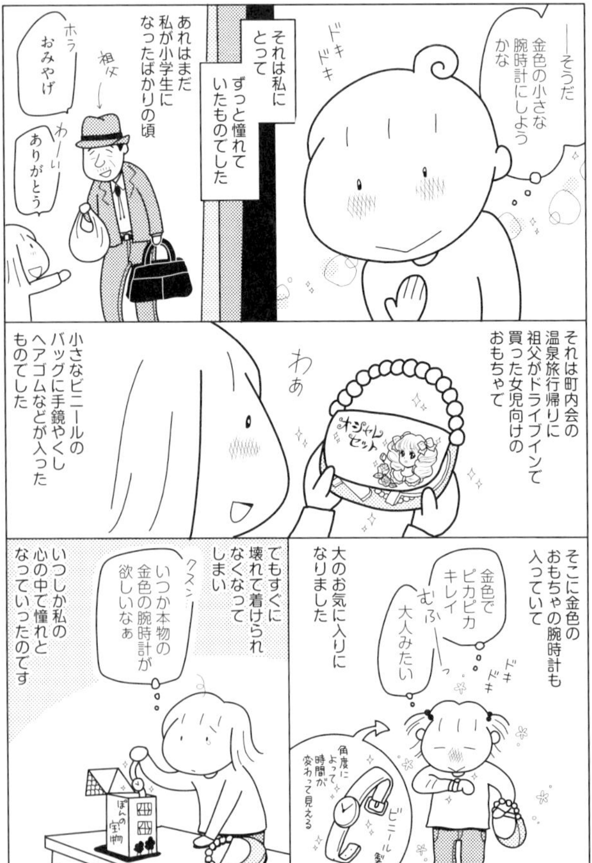
——そうだ 金色の小さな 腕時計にしよう かな
ドキ ドキ
それは私に とって ずっと憧れて いたものでした
あれはまだ 私が小学生に なったばかりの頃
祖父
ホラ おみやげ
わーい ありがとう
それは町内会の 温泉旅行帰りに 祖父がドライブインで 買った女児向けの おもちゃで
わぁ
オシャレセット
小さなビニールの バッグに手鏡やくし ヘアゴムなどが入った ものでした
そこに金色の おもちゃの腕時計も 入っていて
金色で ピカピカ キレイ
むふーっ
大人みたい
ドキ ドキ
大のお気に入りに なりました
角度に よって 時間が 変わって見える
ビニール製
でもすぐに 壊れて着けられ なくなって しまい
クスン
いつか本物の 金色の腕時計が 欲しいなぁ
ぽんの宝物
いつしか私の 心の中で憧れと なっていったのです

それから8年後 亡くなった祖父の法要のとき
ねぇ ぽんちゃん
あ 東京のおばちゃん
すごく髪が短かった
ぽんちゃん 来年高校生でしょ おばちゃん入学祝い持ってきたの
はいこれ
わぁ ありがとうございます！
ペコリ
法要のときで申し訳ないんだけどねえ でも こんなときじゃないとなかなか会えないでしょう？
使ってもらえると嬉しいわ～
!!
キレイ!!
それは偶然にも金色の腕時計でした
嬉しい!! ありがとう おばちゃ…
ダメッ！
これはいただけません!!
キッ
そんな どうして
当時母は私が身に着けるものに異様に厳しくしていました
お返しします っ

思春期におしゃれや異性に興味がわいてくるのを嫌って私に男の子のような格好を強いていたようでした
髪型はカリアゲ
服はジャージか母のおさがりTシャツ
色つきリップクリームをこっそり買ってぶたれたことも…
高校生にこんな色気づいたような時計だなんて！
だいたい男の子みたいなこの子に似合いませんから〜
おほほ
そ そんなことないわよねぇ
……
じゃあタンスにでもしまっておいて高校を卒業したら着ければいいじゃないの
せっかく買ってきたんだからねっ
うぅん
ビクッ
いいえ！
結構ですっ
持って帰ってくださいっ!!
今思うと他にも虫の居所が悪くなるようなことがあったのかも
結局おばさんは時計を持ち帰り
私の腕に巻かれることはありませんでした
今でもなんとなく金の腕時計を思うと悲しくなったり「自分には似合わない」って思っちゃって
ステキだと思ってても身に着けられないんだよね
でも今こそ思い切って買ってみるのもいいかも！
――こうして
ドキドキ

理想の金の腕時計を探すことにしたのです
じーっ
んーこれもステキ
とはいえホントに似合うんだろうか
レディースウォッチ カタログ
たっぷり1カ月迷いに迷って
決めたーっ！これにするっ!!
ビクッ
カタログ
選んだのは小さな文字盤でメッシュベルトの金色の時計
シチズン Kii:シリーズ ¥27,000くらい ※現在廃番
お
時計買うの？
どれどれ
シンプルだね～！
いいじゃないの～
でしょ
カタログ
だってこの時計が一番
〝心の中の幼い私〟が喜んでるからね
わぁ
おじいちゃんがくれた時計にそっくり！
カタログ
そして数日後
ただいま～
買っちゃった買っちゃった♡♡
ドキドキ
ドキ
っっっ

さっそく着けてみよっと
ガサガサ
はっ
ぴたっ
そんな色気づいたような時計!!
ゴクリ…
ドキドキ
ペチペチ
私はもう自分の好きなものを買えるし着けられるんだ!
うん!
えいっ
──わぁ!
キラキラ
キラ
それは小さいながらもキラキラとキレイで
──な~んだ似合わなくなんてないじゃないか ねっ
うん
キレイ!!
心の中のわだかまりを溶かしてくれるような気がしました
それからというもの
朝 身支度をするとき
よし! 準備完了!
パチン
毎日時計を身に着けるようになった私

時計は
いつもキラキラ
目に楽しい
だけでなく
んー いつ見てもキレイ♥
ほぅ
外出中
ギャ〜〜
だからママ言ったでしょ！
言うことをきかない子はうちの子じゃありませんっ
普通の躾だとわかっていても
母の怒号を連想して
胸が苦しくなってしまうこんなときも
ひどいときには吐き気や涙が止まらなくなる
ドキドキ
ひ〜〜っ
叱る声が怖い…
！
そうだ！私は自分の意思で行動できる大人になったんだ！
ふうっ
深呼吸
深呼吸
もう
あの頃の
私じゃないぞ
ふぅ
かつて母に否定され
自分には似合わないと思っていた
金の腕時計を
大人になって手に入れることができた
キラ
キラ
キラ
この時計を見るたび
そう決意できた
自分の勇気を
思い出させてくれる
感じがして
うん
もう
大丈夫
元気
元気
てく
てく
てくてく
私は少しずつ
強くなっていける
ような気がする
のでした

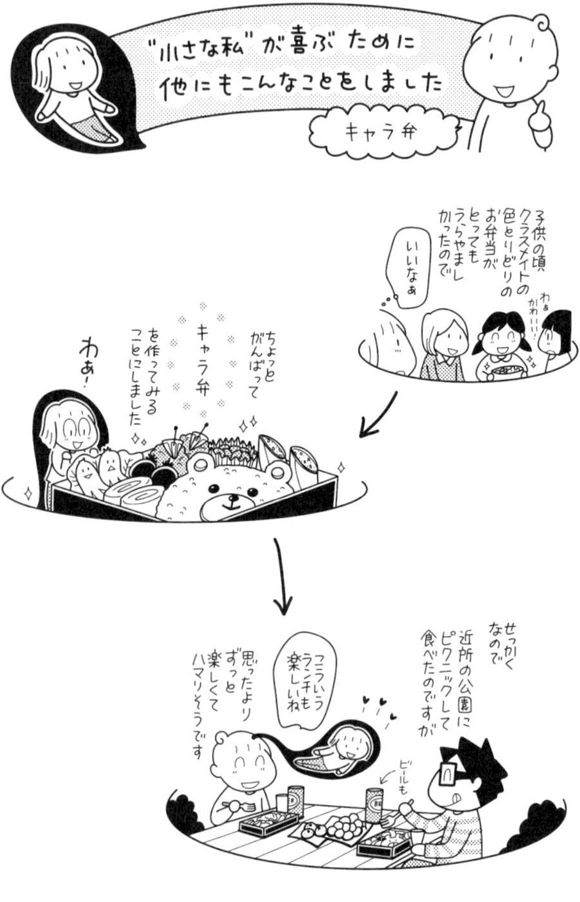

"小さな私"が喜ぶために
他にもこんなことをしました
キャラ弁
子供の頃 クラスメイトの 色とりどりの お弁当が とっても うらやまし かったので
いいなぁ
わぁ かわい…!!
ちょっと がんばって キャラ弁 を作ってみる ことにしました
わぁ!
せっかく なので 近所の公園に ピクニックして 食べたのですが
コラいう ランチも 楽しいね
思ったより ずっと 楽しくて ハマりそうです
ビールも

［第5話］子供の頃、して欲しかったこと

わ〜〜っ おいしい!
うん うん
よっしゃ! クリア! ポイント ゲット!
ぐっ
こんな感じ
テロレロリ〜♪
ポン♀ヒト
HP + 1
なんだか経験値がちょっぴり底上げされたような気がしています
私が今まで自分のことを人としてどこか欠けているような気がしていたのは
子供の頃の経験が足りないと感じてるせいもあるんだろうし
パク
んまっ
だから少しずつ欠けたところが埋まっていけば自分が好きになれるかもしれないよね
さて"大人になってから再チャレンジするリスト"次は何をやろっかな
ん?
ジャ〜〜
ゴシゴシ
夫君って歯みがきマメだよなぁ
育ちが良いんだろうなぁ
シャコシャコ
食後の歯みがきもちろん虫歯ゼロ
毎日嫌々磨いてる私と大違いだわ

あ！
そうだ！
次は
"歯みがきカレンダー"にしよう！
歯みがきしたらイラストをひとつ塗りつぶしていく
7月
それは小学生の頃学校から配布されていた歯みがきのチェックシート
私は子供の頃歯みがきも
毎日コツコツ続ける作業も大の苦手で
カレンダーを一度も完成させたことがありませんでした
ポイッ
めんどくさっ
できあがったら心のわだかまりがひとつ消えるかもしれないし
童心に返ってやってみるか〜
よし！
まずは歯みがきカレンダーを作ろう！
できるかなあ
そしてできあがったのがこれ！
月
歯みがきしたらリンゴの半分に色を塗ります（1日2回）
洗面所に貼って
毎回好きな色で塗れるよう色えんぴつも置いておこうっと
お！ビンにさしておくとかわいいなぁ
5月

翌日から
歯みがき
カレンダーを
つける日々が
スタート！
歯みがき
そのものは
嫌々ながらも
毎日していたので
シャコ
シャコ
大人になって
必要性を
理解しました。
続けることは
そんなに
難しくはなく
きょうは
何色で
塗ろっか
オレンジ！
7月
日々増えていく
カラフルなリンゴに
充実感がありました
すごい！
もう少しで
1ヵ月達成だ！
テロレロリ〜♪
ポン 乎 ヒト
HP + 1
経験値
上昇中
やったー！
スゴイ
スゴイ
むむ〜
それにしても
今となっては
こんな簡単な
ことがどうして
子供の頃は
できなかったのか
不思議…
ん？
——そういえば
わー
カラフルで
キレイ！
お母さんと
一緒に塗ったん
だよ！
クラスメイトの
Yちゃん
お父さんや
お母さんと
一緒にやって
みましょう

子供ひとりで続けるのは難しかったのかもな
でもそれならなぜ父や母は一緒にやってくれなかったんだろう…
はっ
パチ。パチ。
せっかくいい気分だったんだから悲しくなるようなことを考えるのはやめよう
キラーン
7月
今はとにかく私が親になったつもりでこの子が〝して欲しかったこと〟に付き合うんだ
そんなことがあってから
シャコシャコシャコ
シャコシャコ
歯みがきカレンダーだけでなく日常の様々なシーンで
きょうはどっちの服がいい？
え〜っと黄色！
にゅうううん
私は〝小さな私〟に声をかけるようになりました

洋服にシミや シワはない？
うん 大丈夫！
あの頃 できなかった ことを
忘れ物が ないように 一緒にチェック しよう
うん いいよ
はげましたり ほめたり しながら
出かける前に 片付けようね
がんばって やっちゃおー
はーい
えらいっ
そんな ある日
お〜 髪 上手に 結べたね！
練習した もんね
にゅいーん
編み込み するのが夢だった
うん！ 私 できる ようになった んだよ！
！
――そっか 私 できる ようになった んだよね
自分の力で できるように なったことを 改めて実感 したような 気がしました
うんっ
はっ
ヤバッ 取材に 遅れるっ
これまで 劣等感から 泣いたりヘコんだり することが 多かったけれど
ぴょん ぴょん

自分なりに少しずつでも成長しながら生きてきたんだから
プシュー
ふー
間に合った!
過去を責めてばかりで今の自分を認めないなんて
ガタン ゴトン
もったいないことなのかも
ガタン ゴトン
今でも許せないことや思い出して悲しくなることはあるしこの先も忘れることはありません
それに過去にあったことは今更変えられないけれど
Nさーん Fさーん
あ ぽんさーん
おはようございまーす
自分の力で今を幸せに変えていけるのだとしたら
ぽんさんきょうの髪型ステキ～
ありがとう～
過去を責めたり囚われたりせずに生きていけるかも知れない
そうなったらいいなぁ 多分すごく時間はかかるだろうけど
少しだけ風向きが変わりそうな私です

“小さな私”が喜ぶ ために
他にもこんなことをしました
色えんぴつ
片付け 整理整とんが 苦手だった 私は
色えんぴつも 気付けば 色が欠けて いることが しばしば…
あっ 水色と ダイダイ色がない！
チラシの裏
新しく買って もらいたかったけど
どーせ あんたすぐ なくすから ダメ！
捜せば どっかに あるでしょ
そりゃ そうだ よね。
そこで 大人になった今 200色 色えんぴつを 買って 好きな絵を 描いてみました
ちなみに 今はなくさ なくなり ました
私も大人に なったなぁ
童心に返る ワクワク感が とっても楽し かったです

［第6話］大人になってからの逆上がり

言わなきゃ
誰にもバレない
ことなんだけど
なんとな～く
今でも
逆上がりできない
=
どんくさい
って感じがして
心のどこかに
劣等感があるん
だよねえ
おっ
にゅううううん
逆上がり
できるように
なりたい!!
うん
そう
だよね
じゃ じゃあ
トライして
みるか
ホントに
できるように
なるか分から
ないけど
そこで今回
〝大人になってから
再チャレンジするリスト〟
から
『逆上がり』を
やってみることに
しました
――とはいえ…
練習すると
したら近所の
公園の鉄棒で
ひとけの
少ない夜に
練習するしか
ないけど
ひとりじゃ
なんだか
恥ずかしい
かも…
そこで
夫に練習に
付き合って
もらえるよう
相談する
ことに
おかえり～
あ
あのね
もじ
もじ
お？
なんだ
なにか
やらかし
たのか？

――というこことなんだけど練習の補助をしてもらえないかなぁ
ん？
もじ もじ もじ
実は僕も一度も自力で逆上がりを成功させたことがないんだよね
こんなに身近に仲間がいた!!
だからすごく気持ちがわかるよ
僕もできるようになりたい！一緒に練習してもいいかな
じゃ――ん！
大人の逆上がり隊
結成！
おお！
じゃ一緒にやろう！
ということで夫とふたりで練習することに
夜10時 近所の公園
思ったよりひとけもなくてやりやすいかも
ここで練習しよう！
うん
ドキドキ
でではやく30年ぶりの逆上がりやってみるぞ
せーのっ

ふんっ
ふんっ
びたーん
びたーん
は〜
ダメかぁ〜
理屈はなんとなくわかってるから
案外すぐできるかもなんて思ってたけど…
腕を伸ばさない
蹴り上げたら
足のつけ根を軸に回る
くっそ〜っ
ふんっ びたーん
ふんっ びたーん
ん〜っ
もうちょっとでいけそうな気がするんだけどなぁ
うう…
やっぱりできないのかなあ
ハァ ハァ
脳裏によみがえる嫌な思い出
にゅううん
はっ
そうだった
〝子供の頃の私《この子》〟の親になったつもりで考えて行動するって決めたんだった

えーっと
私がもし
この子の母親
だったら
子供だけに
練習させるんじゃなくて
私も一緒に
がんばって
くりん
おっ！
やれば
できる!!
ってことを
感じて欲しいし
一緒に喜びたい
もしも
できなかったと
しても
がんばったことを
ほめてあげたいし
がんばったね～
わしゃ
わしゃ
何度も
挑戦して
えらかった!!
努力や
チャレンジして
みることが
大切なことだと
知って欲しい
そして
何より
逆上がりが
できないことが
人より劣ってる
ということじゃ
ないよ
あなたには
あなたの
いいところが
あるんだから
と言ってあげたい!!
よし
あきらめずに
チャレンジだ
うんっ
ねぇ
ネットで
逆上がりの
コツを詳しく調べて
みたよ
見て見て

え〜っと…
①足に体重を乗せて何度か勢いをつけ
いーち にーの
②腕を体にひきつけたまま頭上の方へ蹴り上げる
回る方へつま先を向けるとよい
○
×
腕を伸ばしちゃダメ!
外に蹴っちゃダメ!
③足のつけ根を中心に弧を描くイメージで小さく回る
体がくの字になるように!
あごをひいてヘソを見る
くるん
ほうほう
ちなみに運動神経の良し悪しは無関係だって
ホッ
おぉ〜っ なんだかできる気がしてきたっ
うんっ 僕も!
しかし30分後
うう〜 手のひらのマメがやぶけた〜
体が重くて思うように持ち上げられない 腕の筋力弱いのかな
腕くたくた
結局成功しないまま初回の練習を終えることに
ふ〜 こうなったら少しダイエットして筋トレでもやりますか〜
腕をぐっとひきつけるのが逆上がりのポイントみたいだから
うん そうしよう
ダンベルやろっと
こうしてしばらく我が家はダイエット&筋トレ月間となりました
食後落ちついたら筋トレやろう
うん
サラダ
ささみ梅しそ巻き
野菜スープ

そして
2カ月後
足に体重
乗せて
腕を体に
ひきつけ
ブツブツ
ブツブツ
鉄棒は
足のつけ根
つま先は
回る方向へ
あごをひいて
小さく回る
よしっ
イメトレ中
いーち
にーのっ
ゴクリ
さんっ
おっ
いいぞっ
ザッ
うぐぐっ
くりん
!!
で…できた
人生初
逆上がりだ
プル
プル
やった
できた！
できた！
やったね～
にっこーっ
じーん
うんっ
うんっ
できるように
なった!!

そして数日後
夫も成功し
しゅん
やったー
私達の
〝逆上がりチャレンジ〟は
終わったのでした
その後
ただいまー
あっ
逆上がりが
できるように
なったことで
ごめん
まだ仕事
終わってなくてっ
ごはん先に
食べてて
暮らしそのものは
特別変化は
ありませんが
今まで時折
脳裏に浮かんでいた
〝逆上がりに関する
嫌な出来事〟を
あー
練習で
できたマメが
治って皮が
むけてきた
思い出すことが
少なくなって
いきました
それはきっと
自分を卑下する
心のトゲが
またひとつ
減ったということ
以前よりも
少しだけ
生きやすさを
感じるようになった
私なのでした
あ
ぽんちゃんも？
僕もー！
ほら！
あはは
ホントだ
小学生の
手みたい
ちなみに
あまりに
嬉しくて
公園を
通りかかった
とき たまに
逆上がりを
してしまいます
ほっ

"小さな私"が喜ぶ ために
他にもこんなことをしました
赤いクツ
子供の頃から着る物は母が決めていて
おしゃれに興味が出る年頃には
かわいい服を着ている友達がうらやましくて仕方なかった私…
母のおさがり
ある日母と一緒に運動グツを買いに行ってひとめぼれした赤いクツ
なにそれハデすぎ! 学校にはいていけるクツじゃないとダメ!
それ以来ずっと心に焼きついていました
いつの間にか
赤いクツなんて私には似合わない
なんて思ってたけどはいてみたら…
自分が望んでいたものを身に着けられるのってこんなに楽しくて嬉しいんだな
足もとを見るたびウキウキしてしまう私です

〔第7話〕ほめられたことを信じてみよう

自分を好きになるために行動して数ヵ月…
髪の毛はちゃんと乾かしてから寝ようね
は〜い
よし歯みがき完了!
キラーン
完了!
キラーン
寝ぼうしないように目覚ましかけてね
おやすみなさい
おやすみなさーい
なんだか自分が〝ちゃんとした家の子〟になったような気分がしています
なんだろこの気持ち…
う〜ん
以前よりも〝きちんと暮らすことに後ろめたさがなくなった〟感じ…
うまく言えないけど…
ギュッ
というのも私はこれまで心のどこかでいつも
どうせ私なんて元々の育てられ方が悪いんだから
幸せになれなくても当然だし…
と思うクセがあり
あははー
いつもうしろにこんな自分がいる

そんなクセが原因なのか
汚部屋 暮らし 体重95kg
どーせ何やっても不幸だし
なんてなげやりな生活をしたり
新築
私に似合わなすぎて欲しいと思えない…
やっぱり私変なのかな
いわゆる〝家庭的な幸せ〟から自ら遠ざかっていました
きちんとした生活をすると心の中も整ってくるのかな
ずっと逆だと思ってたから私の中では新発見だ
心が整った人が
きちんとした暮らしができる
逆もあり!
そんなある日
仕事で某社へうかがったときのこと
では取材は以上です! ありがとうございました
ありがとうございました
雑誌の取材でした
トン トン
ぽんさんらしいあたたかで優しい内容の記事になりそうです
えっ
いやいやいや
優しいなんてとんでもないっ!!
私なんてただただ気が弱いだけなんです~
バタ バタ バタ

そんなに必死に否定しなくても
あはは
はっ
ははっ はははっ
すみません
帰り道
私ってほめられると
ついカ一杯否定しちゃうんだよなー
ほめられるとなんだかすっごく申し訳ないような気分になったり
いやいやめっそーもないっ!!
ありがたきお言葉すぎるっ
おそれ多いですっ
優しいですね
表
おとなしくてつまらない
裏
裏でこんな風に思ってたりして
ほめ言葉の裏に何か含みがあるんじゃないかとうたがったりしちゃうんだよね…
これって卑屈で悪いクセなのかも…
直したいな
いつからこんな風に考えるクセがついたんだろう
う〜む
思いおこせば あれは小学3年の頃…
授業中クラスメイトのKちゃんが突然吐いてしまったことがありました
あさがおの成長
たね
×日
理科

授業は中断
先生は慌てて
吐しゃ物の
片付けに取り
かかり
○山君
職員室から
新聞紙
もらって
きてー
はーい
○月×日
日直・○山
騒然とした
教室の中で
Kちゃんは
オロオロして
立ちつくして
いました
すると
男子の数人が
Kちゃんを
からかいはじめ
ゲーロ
ゲーロ
ギャハハハ
汚ね～～っ
女子も
ヒソヒソ
クスクス…
Kちゃんは
泣き出して
しまい…
くすん
当時私は
Kちゃんと
とても仲良し
だったので
Kちゃんを
元気づける
方法はない
ものか
うーん
うーん
!
先生の手伝いを
誰もやりたがら
なかったけど
積極的に
片付けをして
汚なくない
汚なくない
私はKちゃんを
笑ったりしない!
ゴシ
ゴシ
先生
Kちゃんを
保健室に
連れていっても
いいですか?
あ
そ そうね
じゃあ
お願いね
うっかり
してた!!

ぽんちゃん
ありがとう
なんだか急に
気分が悪く
なっちゃって…
ううん
私も具合が
悪いとき
吐いたことが
あるよ
誰でもある
んだよ
キっと
そして
教室に戻る
途中の手洗い場で
あ
わたなべ
さん
ザブ
ザブ
先生
うふふ
先生
誤解して
たなぁ
わたなべさんって
本当は
友達思いの
優しいいい子
だったのね
見直し
ちゃった！
にっこり
先生がほめて
くれたにも
かかわらず
えっ
ガーン
くらっ
私はひどく
ショックを
受けたのです

じゃあ先生は今まで私のことをどう思っていたんだろう
単純に逆と考えたら
友達思い → 友達にいじわる
優しい → 冷たい
いい子 → 悪い子
元はこうだよね？
とぼ とぼ
先生にずっと嫌われてたのかな
もしかしたらこの頃から私はほめ言葉を素直に受け止めることができなくなっていたのかもしれません
当時の私って忘れ物が多かったり片付けも宿題もやらない問題児だったから
バス
先生にとっては好きな生徒ではなかっただろうな
おっと
にゅううぅん
また〝小さい頃の私〟がヘコみはじめた
親になったつもりで声をかけるとすれば
大丈夫！あのときの行動はまちがってなかったよ
ぽん ぽん
友達思いのいい子だったね

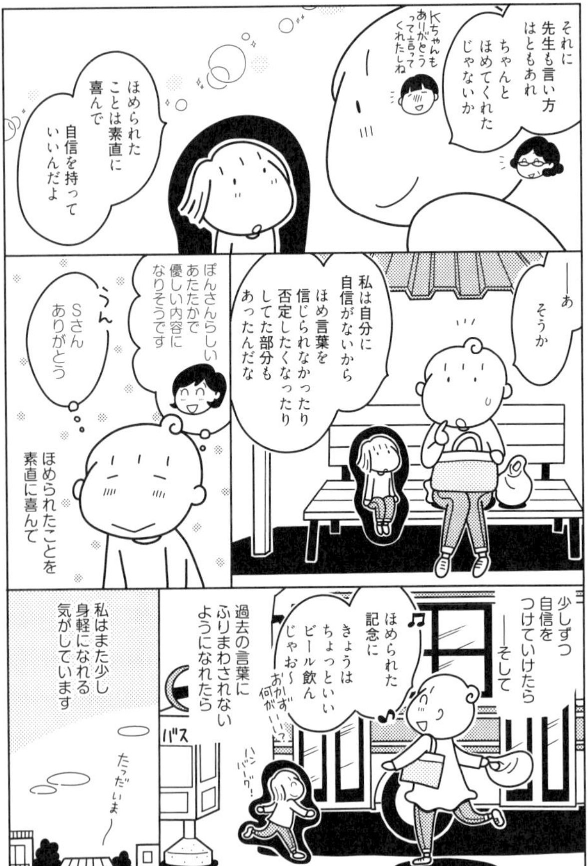
それに
先生も言い方はともあれ
ちゃんとほめてくれたじゃないか
Kちゃんもありがとうって言ってくれたしね
ほめられたことは素直に喜んで
自信を持っていいんだよ
——あ
そうか
私は自分に自信がないから
ほめ言葉を信じられなかったり
否定したくなったりしてた部分もあったんだな
ぽんさんらしいあたたかで優しい内容になりそうです
うん
Sさん ありがとう
ほめられたことを素直に喜んで
少しずつ自信をつけていけたら
——そして
ほめられた記念に
きょうはちょっといいビール飲んじゃお〜
おかず何がいい？
ハンバーグ！
過去の言葉にふりまわされないようになれたら
バス
私はまた少し身軽になれる気がしています
たっだいま〜

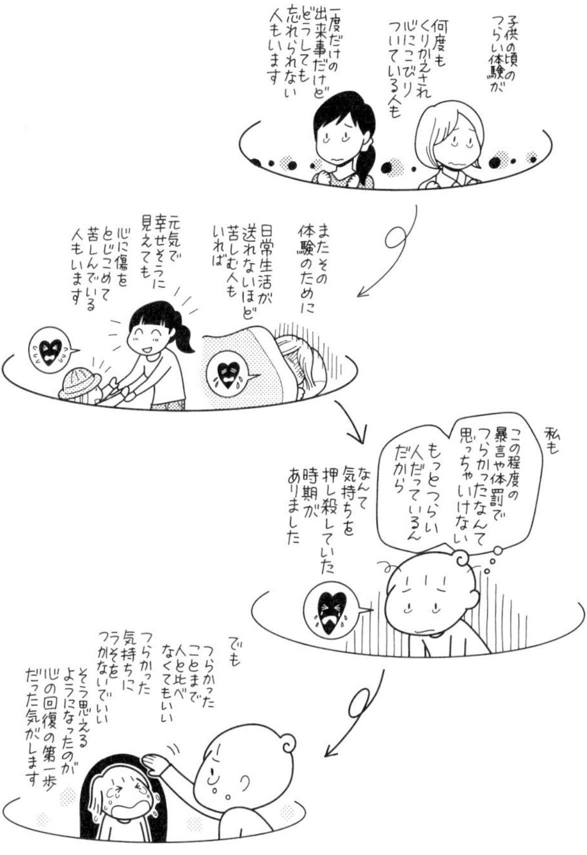
子供の頃のつらい体験が
何度もくりかえされ心にこびりついている人も
一度だけの出来事だけどどうしても忘れられない人もいます
またその体験のために
日常生活が送れないほど苦しむ人もいれば
元気で幸せそうに見えても心に傷をとじこめて苦しんでいる人もいます
私も
この程度の暴言や体罰でつらかったなんて思っちゃいけない
もっとつらい人だっているんだから
なんて気持ちを押し殺していた時期がありました
でも
つらかったことまで人と比べなくてもいい
つらかった気持ちにフタをしなくていい
そう思えるようになったのが心の回復の第一歩だった気がします

［第8話］初めてのライブ

ひょんなことで知り合って時々一緒に飲みに行くようになった
ご近所にお住まいのKさん達
はつ
かしら
ぼんじり
砂肝
なんこつ
かわ
とり
Kさん
M#さん
仕事の他バンド活動を楽しんでいるパワフルなおじさん達です
あ そうそう
今度ライブやることになったんだよ
見においでよ
もちろん行きますよ
どんなライブなんですか？
バンドやってる仲間10組以上集めて
300人は入るライブハウス借りてやるんだ
プロもアマも出るよ！
そりゃスゴイ!!
ロック・フォーク懐メロなんでもありで
にぎやかにやろうぜって計画してるんだよ〜
あ!!
そういえばぽんちゃんってジャズボーカル習ってるんだよね？
スリム美人シリーズ2巻参照
え？あはい月に2回ほど…
そしたらぽんちゃんもライブ出ちゃえば？
バンドならやってくれる人を紹介するよ
え〜〜っ
そんなのムリムリムリ！
絶対ムリですっ!!

実は私には人前で歌うことにちょっとしたトラウマがありました
あたふた
にゅうぅん
小学5年生の音楽のテストでひとりずつ歌うことになったとき
はい じゃあ次はわたなべさん
はっ はいっ
ガタッ
あまりの緊張で声がひどくふるえてしまい
いま〜〜わたしの〜〜
※翼をください
プル
プル
プル
クラス中に笑われからかわれて
プーーッ
クスクス
変なの
面白ーい
恥ずかしくて泣いてしまったことがあったのです
ひ〜〜ん もう二度と人前で歌なんて歌わない!!
私ってなんでいつもこうなんだ〜
あははは
でも元々歌は大好きだし
大人になってからはカラオケに誘われることもあり
カラオケ
2次会
いいね
どうにかこのあがり症を直したくて
憧れてたジャズボーカルを習い始めたのでした
MAHA
でもいくら習ってるって言っても
300人の前で歌うことなんて私にはムリですよ!!
えでも〜
おまつりみたいなもんだし〜

ジャズボーカル習い始めてもう4年くらい経つよね
成果を確認するためにも出てみたらいいんじゃない？
こんな機会なかなかないよ〜
その通りだよ夫君!!
でもっ!!
今電話でまとめ役の人に聞いてみたら
出演ＯＫだってさ〜
出ちゃいなよYOU
ということで4カ月後
ななななんと初めてライブで歌うことになってしまったのでした
がんばれよし！
2日後ジャズボーカルレッスンにて
えーっ!?
初ステージ!?
そりゃー練習がんばらなきゃ!!
いい目標ができたね！
ハイ…
先生は講師をしながら音楽活動しているプロのジャズシンガー
でも考えただけでも緊張しちゃって…
あーもう手汗出てきた〜
先生はステージに立つとき緊張ってしないいんですか？
もちろんするときもありますよ！
緊張しすぎて歌詞忘れたり歌い出しまちがえたり
ウイッグとれてるの気がつかないまま歌ってたこともあったし
なんかクスクス笑われてるとは思ったのよ
ポロッ
えーえっ
意外…
先生でもそんなことあるんですね

でも変に緊張するときっていつも
"練習が不十分なとき"か"コンディションが悪いとき"なんだよね
私の場合
ふむふむ
メモメモ
そんな状態なのをごまかしたくて上手に歌おうとすると気負っちゃってガチガチに緊張しちゃうのかもしれないな〜
失敗できーない
したくない
だから体調万全でいっぱい練習してライブに臨みましょう!
はいっ
がんばりますっ
あ あのう先生もひとつだけ質問が…
すっごい変な質問なんですが…
ん?
なに?
ステージに立ったときお客さんに
下手クソだな〜
ブスだなぁ
つまらないなぁ
なんて言われていないか不安になったりしませんか?
私 歌も容姿も自信がないから人前に出るの怖くて…
もちろん先生は歌うま美人だからこんなことないでしょうけど
え?
ぽんさん誰かにそう言われたことあるの?
あ、いえ
今はないんですけど…
遠い昔子供の頃に…

な〜んだ!!
じゃあそれは 誰かの言葉じゃ なくて 自分の言葉よ
自分で自分を いじめてるの
ドキッ
そう言われて みたら確かに 自分に 自信がないとき 心に浮かぶ 言葉って
私って ダメな ヤツ…
なんで こんなことが できないんだ…
わ〜 ブス つか デブス
いつも 自分をいじめる ような言葉 ばかりかも…
ステージに 立つときは 自分だけでも 自分の味方で いてあげて
そのとき ふと——
にっこり
ここ数ヵ月の "小さい頃の私"を 励ましながら 生活してきた 日々を思い出し
めんどくさいけど やっちゃお
うん
やれば できる!
にゅううぅん
そうだね! 私は私の味方! 初ライブは 上手下手よりも 私が今できる ことを精一杯 やろう!
練習 がんばろう
うん
すっかり心が 軽くなって いたのでした

数日後
STUDIO
Kさんが集めてくれたバンドメンバーと練習開始！
この度はよろしくお願いします!!
Tッキー
Jック
A山さん
Kさんの飲み会で会ったことがある人ばかりだった
不慣れでまごついたりしたものの
経験豊富なメンバーのお陰で
なんとか歌を合わせせられるようになっていきました
ぽんちゃんの歌に合わせるならここはシロタマじゃない？
オケー
シロタマ？
※シロタマ 二分音符（𝅗𝅥）全音符（𝅝）など長い音や長くのばすことを指す
いよいよライブ当日
わあ
出番もうすぐだって！ 今200人以上お客さん入ってるみたいだよ 大丈夫？
うん さすがにドキドキしてる…
ドキドキドキ
そしてとうとう出番がやってきました！
自分だけは自分の味方になって
よし やれることをやれればいい 怖くないよ
うんっ！
続きましてはジャズバンド『PON&FRIENDS』で曲は『MISTY』『SUMMERTIME』の2曲です

！
ああ
私いま
ふるえないで
歌えてる
——というか
歌うのが
すごく
楽しい!!
こうして私は
自分でも信じ
られないほど
堂々と
ペコリ
2曲を歌い終わる
ことができたの
でした
パチ
パチ
初めてにしては
度胸あるじゃ
ないのー！
びっくり
した!!
今までで
一番声が
出てたね！
がんばった
がんばった
デビュー当時から
お世話になってる
編集さん達も
見に来てくれた
あの
ひっこみ思案の
ぽんさんが！
感慨
深い〜
えへへ
それからの
私は——
やったね！
ねっ

ジャズボーカルレッスンに通うのがますます楽しくなり
もっと上手になるようにがんばる
先生！ やりました!! 歌えました!!
キャーやったー!!
おめでとう!!
カラオケに誘われても以前のように緊張しないで楽しめるようになりました
後日ライブの打ち上げがありました
結局 私を一番見下していたのは他の誰でもない私自身だったんだ
これからはもう自分をいじめるのはやめよう
人前であがらずに歌えたこと——それは
少しずつ私が私を好きになってきた証拠のように思えて
心のどこかが解放されたみたいに清々しい
いい夜だなあ
じんわり喜びを感じたのでした
次は単独ライブやっちゃいなよYOU！
びしっ
それはさすがにムリですっ

第8話の
おまけです
ライブであがらずに歌えた日の夜
私はこんな夢を見ました
木々が生い茂る小路をひとり歩いていると…
おっと
足元に大嫌いなイモムシが一匹
しかも巨大
私はこれまでも"大きなイモムシがたくさん出てくる嫌な夢"に
度々うなされることがあったので
うう～
夢の中で
うわっ またあの嫌な夢か
この後またいっぱい出てくるんだよな…
なんて思っていたら
次の瞬間私は
あれ？
空色の傘をさしていました
ふと見上げると
傘の上にも大きなイモムシがはっている影が！
ひっ
一瞬ギョッとして
ひ～
ど～しよ～
傘ごと放り出そうかと思ったのですが

なぜか この日は
くそ～～っ
いつまでも このまま 負けて いないぞ！
ぐっ
と思い
傘の内側から
えいっ
ピ
ピシ
イモムシを はじいたのです
すると もう 小路の どこにも イモムシは いなくなって いました
そこで 目がさめて
ゴシ ゴシ
私はあがらずに ライブで歌えた 上に イモムシにも 勝ったのだ！
と ねぼけつつ 思ったのでした
あまりに 象徴的な 夢なので 夢診断や 心理分析の サイトを調べて みたら
えーっと
カチャ カチャ
生い茂る木 ＝ 成長や発展
虫 ← コンプレックス
たくさんの イモムシ ＝ 激しい ストレス 逃げ場が ない
虫を退治 ＝ 苦手を 克服
傘 ← 身を守る もの 術
空色 ＝ ポジティブ な気持ち
なるほど～
内側から 強くなれた 表れかも しれない！
おもしろ～い
これ以来 イモムシの夢は 一度も見て いません
もちろん 本物は今でも 大キライです
ギャッ

"小さな私"が喜ぶ ために
他にもこんなことをしました
家族写真
私には アルバムが ありません
残っている 子供の頃の 写真も とても少ない です
家族旅行や 七五三などの イベントもやった ことないし
アルバム
だからなのか わかりませんが
どうせ アルバムなんて 作っても 自分で見ないし 思い出なんて 残しても仕方ないし
なんて 思ってました
でもちょっと 意識して 出かけた先で 家族写真を 撮るように してみたら
思い出を 大切にする ってことは 自分を大切に するのと通じて いる気がする
データで 管理
ちょこちょこ 見るわけでは ないですが たまに見るのは いいもんだなぁ と思うように なりました
あ このとき 自転車 借りて サイクリング したんだよね

［第９話］流行に乗れない理由

実は…
じゃーね
バイバーイ
正直なところハワイには魅力を感じない私
なぜみんなそんなにハワイに魅かれるのだ？
それどころか
だいたい大メジャーな観光地に行くことって
私としてはちょっとダサいと思っちゃうんだけどなあ…
などとひどいことを思ったりして
そんなことを
夫に話したら…
ただいまー
誰がどんな旅先が好きだろうと
ダサいなんて言われる筋合いないでしょ
そんなこと言っちゃダメ
じろっ
GAME
ズバッと叱られました
ごもっともです
すみませぬ
あのさ～前から思ってたけど
ぼんちゃんってそーいう“メジャーなもの”を嫌うところがあるよね
え？
流行のドラマや映画は絶対観ないし
Cinema
ドラマ
今夜9時スタート！
流行してる服も一切買わないし
おもしろいって評判の漫画もだいぶ時間が経ってから読んでるし
ニャブル
ゴールデンニャムイ
進ゲキの巨猫
プププ
なんだったら流行に乗ってる人を笑ってる感じだよね

それは何かのポリシーがあってのことなの？
流行に乗らないことがかっこいいと思ってるの？
えとあの…その〜
あた
ふた
流行や定番を楽しんでる人から見たらぽんちゃんみたいな人の方が
〝流行に乗り遅れてる人〟として笑われてるかもしれないから気をつけた方がいいんじゃない？
ガーーん
そこまで言わなくても…
お…夫君きょうは虫の居所が悪かったのだろうか…
めっちゃ怒られた
ドキドキ
プイッ
GAME
実は内心ずっとハワイに行ってみたかったがダサイと言われ腹が立ったらしい
※後日談
確かに私って流行に乗るのを恥ずかしく思ったりみんなと同じ行動するのが嫌だと思ってしまうことがあるんだよね…
あれ？
でも子供の頃はみんなと同じことができなかったのがずっとコンプレックスだったはずなのにな
みんなと同じ行動ができない
うろうろ
わくに文字を収めて書けない
わくの中をきれいに塗れない
みんなと同じ課題をこなせない
うん
にゅうううん

それがどうして
みんなと同じことができないコンプレックス
真逆
みんなと同じことをしたくない気持ち
こんなに正反対になっちゃったんだろうか…
そんなある日のこと
洋服屋さんで服を選んでいたら…
おっ
これ安いしかわいい！でもこれどうやって着るんだ？
スケスケ～
¥2,980
それは中に一枚着た上にはおるとかわいいんですよ
例えば
こんな風に
ひらり
ステキー
店員さん
パンツはワイドなものが相性良いですね～ヌケ感のあるトップスと合わせるのが最近の流行りです
流行《はや》り？
ふと見渡すと
似た感じの服を着た女性がたくさんいることに気がつきました―

う〜む 流行りに乗った よくある感じに なっちゃう のは嫌だな
かわいいんだけどな
それに私 みたいな 顔もスタイルも 良くない人が 流行の服を 着ちゃうのって 笑われない かなぁ
なーんか 恥ずかしく ない？
ニャ ニャ
必死で 流行に 乗ろうと してる みたいで こっぱずかし〜
こんな風に なりそう…
ん？
あれ？ 今〝私なんて〟 って思った？
そのとき ずっと正反対 だと思っていた
みんなと 同じことが できない コンプレックス
真 逆
みんなと同じ ことをしたく ない気持ち
この心の状態に 答えが見付かった ような気がしました
これって もしかして
みんなと同じ ことができない コンプレックス
そうだ！
みんなと同じ ことをしな ければ みんなと比べて ヘコむことも ないぞ
と心のどこかが 考える
だから みんなと同じ ことをしなくて いいように 言い訳を してしまう
はやりものって キライ なんだよね〜
それが 考えグセと して定着 してしまい…
〝みんなと 同じことを したくない〟 という 今の私に なったのか？

それに自分に自信がないことの裏返しで〝人と違う私〟〝変わってる私〟に憧れがあったのかも…
ぐっ
〝人と同じは嫌〟という一見個性的な考えグセの裏にも自己肯定感の低さが表れているような気がしました
ん？ってことはこの考えグセのせいで本当は私にもできるのにやらずにきたことがあったかもしれない
この服だって流行ってるって聞く前は
あこれかわいい～
って思ったのにあきらめちゃうところだった
にゅうぅん
うん わかってる！こういうところも変えていこう
ぐっ
すみません試着お願いしますっ
はーい
よく考えたら〝みんなと同じが嫌〟だなんてそれこそ人に流されているじゃないか
自分が良いと思ったものは素直に受け止めてみよう
わくわく
お客様～サイズとかいかがでした？
開けてもいいですか？
あっハイッ良さそうですっ

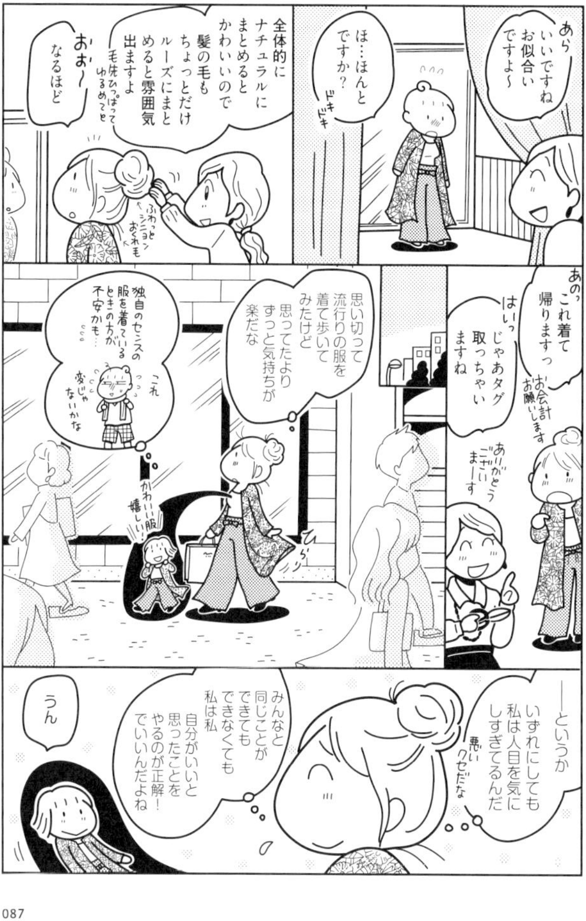
あら
いいですね
お似合い
ですよ〜
ほ…ほんと
ですか？
ドキドキ
全体的に
ナチュラルに
まとめると
かわいいので
髪の毛も
ちょっとだけ
ルーズにまと
めると雰囲気
出ますよ
毛先ひっぱって
ゆるめてと
ふわっと
シニヨン
おくれ毛
おお〜
なるほど
あのっ
これ着て
帰りますっ
はいっ
じゃあタグ
取っちゃい
ますね
お会計
お願いします
ありがとう
ございま〜す
思い切って
流行りの服を
着て歩いて
みたけど
思ってたより
ずっと気持ちが
楽だな
独自のセンスの
服を着ている
ときの方が
不安かも…
これ
変じゃ
ないかな
かわいい服
嬉しい！
ひらり
——というか
いずれにしても
私は人目を気に
しすぎてるんだ
悪いクセだな
みんなと
同じことが
できても
できなくても
私は私
自分がいいと
思ったことを
やるのが正解！
でいいんだよね
うん

Boo
ん?
ハワイ
ハワイか～ そういえば どういうところ なのかちゃんと 調べたこと なかったな～
どれ どれ～
ハワイの なんとなくのイメージ
フラ
芸能人
免税
ハワイ
わっ
なにこれ! 私の好きな もの てんこもり じゃないか!
楽しそう
ハワイ
海はもちろんだけどハイキングコースもある
ザー
滝も あるらしい
ハワイは 火山が あるから
花崗岩や カンラン石とか 見付けられ たりして♥
鉱石好き
ファーマーズ マーケット
市場 大好き!
フルーツ
かわいい オーガニック コスメ
ワク ワク
ビーチ コーミング
知らな かった～
買って 帰って 夫君に ハワイ旅行の 提案をして みようかな
￥
ハワイ
みんなと同じに できないこと したくないこと そんな迷路みたいな 心のモヤが晴れて
新しく 自分らしい 人生の楽しみ 方が できそうな 予感がする 私なのでした
ハワイ

"小さな私"が喜ぶ ために
他にもこんなことをしました
小学生用ドリル
"宿題をうちできちんとやる"ということがほとんどなかった私
算数6
小5 ドリル
学習ドリルなんてやる気もおきなかったけど
提出日にはさすがに罪悪感がありました
どうしてやってこないの!?
そこで小6の社会科ドリルをやってみました
えっ
参議院と衆議院ってこういう仕組みになってたの!?
今更人に聞けなかったことがここに!
大人になった今こそ必要な基礎がつまっていておもしろかったです
歴史・算数もオススメです
ニュースを以前より興味深く見られるようになりました
改めてドリルで勉強したこと
第二次世界大戦
マッカーサー
ポツダム宣言受諾
玉音放送
サンフランシスコ平和条約
終戦記念日のきょう…
ニュース
ふむ ふむ

［第 10 話］誰かを許せなくても幸せになっていい

私…実家とは絶縁してた期間があるんだ
えーーっ!?
17歳の頃 両親に美大への進学を却下され
自宅から通勤ができる信用金庫への就職を勧められていた私
母が言うには
家から通って給料は家の口座に入れること
23歳になったら知人のつてで婿をもらうから家の敷地内に新居を建てること
こづかいは月2万ね
だそうです
担任A先生
二者面談
おいっそれで本当にいいのか? わたなべはずっと東京の美大に行きたいって言ってたじゃないか
この頃の私は母からの束縛や暴言に抗う気力をすっかり失っていました
はい… ——もういいんです
奨学金もらって進学しても返済する自信ないし…
二者面談
ぐっ
いや やっぱりこのままじゃダメだ!
美大はさておき 家からは一度出た方がいいっ
先生にまかせとけ!
?
そう言ってA先生はその日の夜うちに来て
実はめったに高卒では採用しない大きな企業に うちの高校から2名推薦できることになって
うそ
すごい光栄なことなんですよ〜
そこで内申の良いぽんさんを推薦しようと職員で意見が一致したのです
うそ
寮つき門限ありなので親御さんも安心ではないかと思うのですが
いかがでしょうお母様!
ドキ ドキ

元々見栄っ張りな母は気を良くして
そうねえ そんな有名な会社だったらいいかもねぇ じゃあ3年だけ！3年したら必ず帰って来てこっちで就職しなさいよ
見合いにも有利だし
!!
おいっ
ヒソ ヒソ
家を出ちゃえばこっちのもんだ
もうお前は好きにやれ！家になんて二度と帰らなくてもいいんだぞ！
ヒソ
いひひ
マンガ描けよ！
先生！
こうして私は高校卒業と同時に家を出て上京することに成功したのでした
ありがとうA先生…
東京
TOKYO
そして3年後もちろん私には帰る気なんておきず…
投稿用のマンガをガンガン描いていた
ごめんなさいもう少しこっちでがんばってみたいからまだ帰れません…
すると電話口で母は激昂し
許さないよっ!! 3年で帰って来る約束をやぶるのか！
この先もずっと家に金を入れずに遊びまわるつもりか!!
仕送りしろと言われていたが断っていた
わかった！どうせそっちに男でもできたんだろう！
このアバズレ!!
母の言葉は夢に向かって歩む私にとっても同じ女としても

到底受け止められるものではありませんでした
おい ぽんか こっちは気にするな やりたいようにやりなさい 体に気をつけてな! じゃあな
父
この親不孝者が!!
うそつき
お前なんか
ガチャッ
母の叫び声がこっちまで聞こえていた
…………
今までどんな罵詈雑言を言われてもガマンしたけど これはもうムリだ…
親子ゲンカで使う言葉じゃないよそれ…
このとき私の中で何かの糸が切れたような感じがして
それ以来実家とは一切の音信を断ち 事実上絶縁ということになったのでした
でも数年前大好きだった祖母が長くないって従兄弟に聞いて 居ても立ってもいられなくなって連絡をとるようになったんだ
そんなことがあったのか～
ぽんの母ちゃん怖そうだもんね～
んで? 今は? こまめに電話したりしてんの?
ううん全然 祖母も父ももう亡くなったし 母とは年に数回メールでやりとりする程度だよ
弟いるけどあんま話さないし
母は昔より大分落ち着いてはいるけど 今はこれくらいの距離が楽でいいよ

でもさ～
うちらももう結構いい歳じゃない？
うん
親もだんだん弱ってきてるし
親孝行できる時間って思いのほか短いんだよね
意地張ってないで仲良くしなよ～
お母さんもさみしかったんだよ、きっと
え？
世界でたったひとり 血のつながった母親なんだよ？
ぽんも子供産んでみたらわかるよ
ポンポン
どんなことがあっても結局親子は親子なんだからさ
お母さんを大切にしてあげてよ～
………
…
ああ
そうだった
失敗した…
ギュッ
世の中には虐待された子供がどんな気持ちで生きているのか
その親が本当はどんな人物なのかを
なかなか想像できない人や理解が及ばない人がいるのです
こういう人もいるから
あんまり話すのはやめていたんだった
おさななじみだから気を許して話してしまったけど…

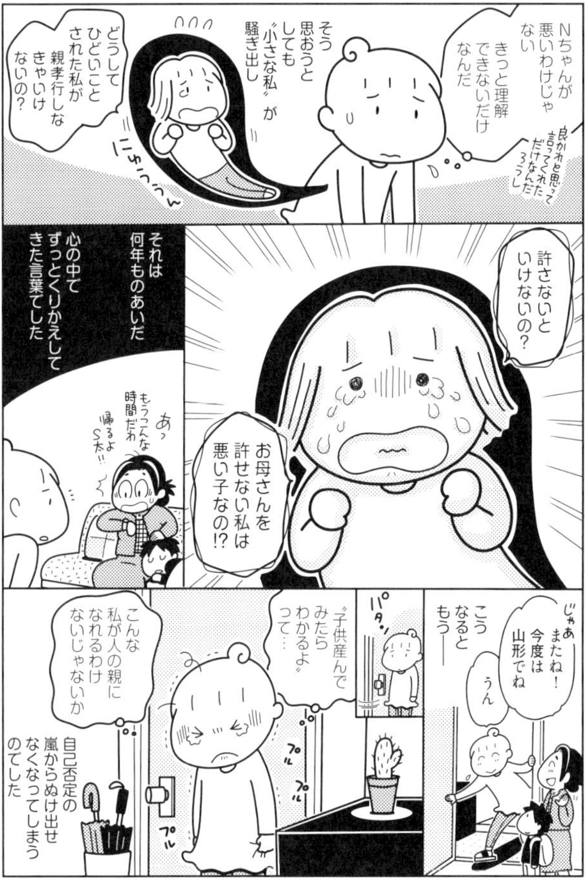
Nちゃんが悪いわけじゃない
きっと理解できないだけなんだ
良かれと思って言ってくれただけなんだろうし
そう思おうとしても〝小さな私〟が騒ぎ出し
にゅううううん
どうしてひどいことされた私が親孝行しなきゃいけないの?
許さないといけないの?
お母さんを許せない私は悪い子なの!?
それは何年ものあいだ心の中でずっとくりかえしてきた言葉でした
あっ
もうこんな時間だわ
帰るよS太!!
じゃあまたね! 今度は山形でね
うん
こうなるともう――
パタン
〝子供産んでみたらわかるよ〟って…
こんな私が人の親になれるわけないじゃないか
プル
プル
プル
自己否定の嵐からぬけ出せなくなってしまうのでした

ただいまー
お？
きょう誰か来てたの？
わっ!!
ギョッ
ぬっ
おかえり～
——な なんかあったんだね
ま ちょっと話してごらんよ
まぶたすごいことになってるよ
うん…
そこで夫にきょうの出来事や思ったことを話してみると
——というわけなんだよ
そっかー
ぼんちゃんはお母さんを許せないことに
罪悪感があるのかもしれないね～
罪悪感があるとつい
いろんなことをガマンして生きなきゃって思ってしまうけど
僕は〝人は誰かを許さないままで
幸せになってもいい！〟
と思うんだよね
ズズッ

僕さ〜
前の前の会社の人で
ホンットに今でもブンなぐってやりたいくらい
大嫌いなヤツがいるんだよ！
けっこー転職してる
ギ〜〜ッ
思い出すだけで腹が立つ!!
そいつは今でも大嫌い！
でも今転職した会社は居心地よくてすごく幸せ♥
これどっちも僕の本心で 両立してる気持ちなんだよね
“血縁”と思うとややこしく考えてしまいがちだけど
ぽんちゃんはお母さんを許せない気持ちのまま
自分が幸せになることを考えてもいいと思うんだけどなあ
!!
――私は
本当は心のどこかで母を許したかったのかもしれない
ぶわぁぁ…
母にかわいがられるいい子になって
愛される幸せな子になりたかったのかもしれない
でもそんな風にはなれずやっぱり母を許せなくて
それで私は
自分を許せない
『母を許せなかった』のだと思います

だから私は きっと 自分が 幸せにならないように
なるべく 自己肯定しないように生きてきたのかもしれません
ぽんぽん
ひっくひっく
とっぷり…
は
ごめんよ～ ごはんの時間 だいぶ過ぎちゃったね
落ち着いたかい？ カフェオレあるよ
うん
落ち着いたら なんだか おなかが空いてきた!! とりあえず 今私が求める 幸せは “とんこつラーメン” かなぁ
う～ん
のび～
おっいいね 食べに行こう
この先いつか 母を心の底から 許せる日が来るのか 私にはわかりません
でもそれとは別に 私は私の人生を 私自身で幸せな ものにしていこう という
わぁ
このまま 外出るの 恥ずかしいな
メガネかけていこうっと
決心がついた ような気がして
なんだか 心のどこか 奥の方で
新たな 扉が開かれた ような前向きな 気持ちです
ギョーザも食べよっと
私も～

［第11話］「良い思い出」を思い出せた

きっとこのママさんも優しい親御さんに育てられてきたんだろうなあ
ギュッ
ホラ次降りるからおもちゃはバッグに入れようね
私みたいな家庭環境で育つと自分の子供にうまく愛情を注げない気がしちゃう
だからっこそいい親になろうとがんばる人もいるだろうけど
母親になる自信がない自分に改めてヘコんでしまうのでした
あのねあのねお片付けしないと夜のあいだにネズミさんがおもちゃを持って行っちゃうんだよ
ふーん
じゃあお片付けしないとね！
──ん？ネズミさん？
そのとき私はすっかり忘れていた遠い昔の出来事を思い出しかけていました
えーっとえーっと"ネズミさん"
は～重っ
ドサッ
んーー
なんだっけ～子供の頃にネズミさんが出てくる出来事があったような気がするんだよなあ
きょうはネズミさんがチョコを持ってきてくれたよ
チョコ
あれ？

──そうだ!
確か あれは 母が…
それは私が幼稚園に入園したばかりの頃でした
両親・祖父母共に健康管理に無頓着だったこともあり
幼少時代から超肥満児で虫歯だらけだった私
ほ乳ビンにサイダーを入れて飲まされていた
幼稚園でもかかりつけの病院でも
体重や歯について注意されることが度々あったらしく
母は私に与えるおやつを制限せねばと考えたようでした
もっとおやつ〜
いつもはあるのに〜
さっき食べたでしょ もうないのっ!!
でも今まで食べ放題だったので突然のおやつ制限に耐えられるはずもなく…
さっき あのタンスの上から おやつ出したの 見たもん
食べものにめざとい
あそこに きっとまだ あるんだもん
ギクッ

えーっと えーっと
タンスの上の"ネズミ市場"はきょうは店じまいしました!
さあさ 寄ってらっしゃい チュー!
チョコ
あしたまた市場が開いたら買ってあげるよ
ネズミ市場?
そうだよ お母さんね ネズミさんと仲良くなったから タンスの上で市場を開いてくれるようになったの
でもね ネズミさんは体がとっても小さいから 毎日お菓子を1個しか運べないんだよ
よいしょ チュー
よいしょ チュー
チョコ
だから きょうの分はもうないの
ネズミ市場 いいなぁ 見たいなぁ
モワ
モワ
モワ
モワ
いい子にできたらね
想像ふくらみ中
ホッ
この日から 私のおやつは ネズミ市場から 買ってくることに なりました
ネズミさん ネズミさん きょうのお菓子は何ですか?
ワクワク

きょうはクッキーだって
わぁ
きっとこのクッキー運ぶのも大変だったよね！
…あっお母さんお金はどうするの？
お金の代わりにお母さんが毎日ネズミさんに小さいおにぎりを作ってあげてるから大丈夫！
あしたはどんなお菓子だろうね
楽しみだね
〝ネズミ市場〟からお菓子を買う日々はその後1カ月ほど続いたようなおぼえがあります
おやつ？そこにあるの食べてな
え!? ネズミさんは？
ポテト
あれって結局なあなあになって終わっちゃったんだっけ
結局虫歯も肥満も改善されなかったし
——でもなんだか母とは思えないいい思い出だなぁ
にゅうう
お
すると母とのほほえましい出来事を思い出したというのに
ん？
なんでこんなに落ち着かない気持ちなんだ？
〝小さい私〟は浮かない顔をしていて

お母さんのいい思い出なんて思い出したくない！
お母さんはいいお母さんじゃない！私は許してない！
いい思い出なんて思い出しちゃったら誰を責めていいのかわからなくなっちゃうよ…
!!
私はこれまで母との嫌な出来事をくりかえし思い出し母を憎むことで
あんなこと言われた
ぶたれた
蹴られた
置き去りにされた
笑われた
一生懸命自分をなぐさめようとしていたのかもしれません
つらかったよ
痛かったよ
怖かったよ
かわいそうに…
だから私は今まであえて母との良い思い出を心の奥にとじこめてきたのかな
でも私はきょう母との良い出来事を自然と思い出したんだ

この一年あまり
子供の頃にできなかったこと
親にして欲しかったこと
私になんてできないと思ってたことを
大人になってから再チャレンジするリスト
意識してやってきて
自分でできるようになったものもたくさんあったから
過去を責める必要がなくなってきて
母との思い出はいいことも悪いことも
ニュートラルに思い出せるようになったのかもしれない
チョコ
許さなくていいけど
もう責めなくてもよくなりそうだよ
自分をなぐさめる時間は
今まで十分〝小さい私〟が作ってくれたしね
なでなで
つらかったのによくがんばってくれたね
生きていてくれてどうもありがとう
過去にあったつらい出来事のせいで
誰かを憎み自らを責めてなかなか自分を好きになれなかったけれど
私はもうそろそろ
解放されてもいい頃なのかもしれません
うん
ふわっ

自分が嫌いじゃなくなってきて
こんなことができるようになったよ
自分のあらさがしをしなくなると
みんな違ってみんないい
他人のあらさがしもしなくなる
BAさんにメイクの相談ができるようになった
このファンデーションの方がカバー力ありますよ
ジャズを練習しているときいままでは
ここをアレンジして歌いたいけど恥ずかしいな…
教科書通りにしか歌えなかったけど
少しずつ自分の好きなアレンジで歌えるようになってきた
いいね
初対面の人ともあがらずに話せるようになった
苦手な人と距離を置けるようになった
人に親切にしたり思いやることができるようになった
あ! 落としましたよー!
自分のことでいっぱいいっぱいの頃はなかなかできないことも多かったもんね

エピローグ　自分が好きということ

今気づいたふり
あこ こんにちは
あら～ こんにちは これからお買い物？
さっきそこのお魚屋さんでサンマが美味しそうだったわよ
ホラ！お魚好きならオススメ！
わぁ ピチピチ！美味しそう
じゃあ魚屋さんにも寄ってみようかな～ それじゃ！
は～い どうも～
やった！スゴイ！なんか今の普通の大人のあいさつって感じじゃなかった!?
すみませーん これくださーい
コクコク
できるじゃないかっ私っ!!
そして その夜
夕飯も終わりくつろいでいたときのこと
ねーねー BGMがわりに放送大学つけておいてもいい？
最近ハマっている
いいよー
ゲーム中
ピコピコ

何かおもしろそうな講義やってるかな
考古学とか生物学とか
ん？
心理学
トラウマとPTSD
○×大学
△△△△教授
たまたま放送していたのは心理学で
強烈なショック体験をした人の心に
ダメージが残ってしまうメカニズムと
その分類についての講義でした
BGMのつもりがつい見入ってしまう
――ということで本日の講義は以上になりますが
学術的なお話とは別に私個人が考えることをひとつ…
つらい体験をして心にダメージを負った方々は日常生活を営むことすら困難になってしまうことがありますが
でもそんな方々が自ら立ち上がり行動をするとき
どんな人よりも思いがけない工夫や前向きさを発揮して
自分らしい生き方を取り戻すことができると私は思っています
！

うん 僕もそう 思うよ
わっ! 聴いてたんだ
そういえば この前千葉の おばさんちに 行ったとき ぽんちゃんが お風呂中に おばさんが 言ってたよ
おば 父の姉
ぽんはね 小さい頃から 大人の顔色を うかがってビクビク オドオドしてる 子供だったの
母親とのことも 気付いていたん だけど なかなか口を 出せなくてね
かわいそう だったよ…
でもたくさん つらいことが あったんだから これからぽんを 待ってるのは きっといいこと ばかりに決まっ てる!!
またふたりで 遊びにおいで!
——だってさ! おばちゃんも 応援してたよ
うん! そう 思うように する!
ありがとおばちゃん
私は今まで 自分が嫌いでした

嫌いで
嫌いで
時々
いなくなって
しまいたいと
思うことも
ありました
ぐすっ
ぐすっ
でも
〝小さい私〟の
心を満たすために
いろいろ試して
いるあいだ
ずっと
自分を
好きに
なりたい！
という言葉が
心に浮かんで
いました
本当に自分が
嫌いで　どう
なってしまっても
いいのなら
〝好きになりたい〟
なんてことも
思えないはず
ってことは
元々自分を
大切に思う
気持ちは
私の中にずっと
あったのかも
しれない
胸を張って
「自分が好き」と
言えるかは正直
まだわかりません
それでも今
私が私でいることが
楽になってきたのは
明らかです
いまだ嫌いな部分も
少しずつ好きに
なってきた部分も
受け止めていけるよう
次は何を
やってみようか
えーっとね
私はこれからも
自分を育てながら
悩んだり
笑ったりして
生きていこうと
思っています

おわりに

最後まで読んでくださって ありがとうございました！

今までも実体験に基づいたマンガを描いてきた私ですが今回ほど描くのが大変だったことはありませんでした。言葉や感情があふれてきて まとめられなかったり、逆に どうしても言葉につまってしまったり…
自分では克服したつもりでいた過去のことも改めて向き合うといまだ感情がゆさぶられることに驚きました。それ程 幼少期の思い出は心に残るものなのでしょう。
自分を好きになりたくても なかなか 行動に 移すことができなくて つらい気持ちを抱えている方も いらっしゃると思います。
まずは無理をせず、心と体をいたわって 作中の ジャズの先生の言葉『自分だけでも自分の味方でいてあげて』を頭のすみっこでいいので思い浮かべてもらえたらいいなぁと思います。

最後になりますが、この作品を描くにあたり、サポートをしてくれた家族や友人、楽しみに待っていてくださった読者の皆様、いつも深く理解してくださる編集担当のHさん、大変ありがとうございました。

わたなべぽん

この作品は二〇一八年十月小社より刊行されたものです。